中国南阳汉画像石大全

第十卷

凌皆兵　王清建　牛天伟　主编

己丑甫如十又二题

中原出版传媒集团
大地传媒

大象出版社
·郑州·

目录

菱形穿（连）环 / 129

卷首语

南阳汉画像石中有不少单纯的装饰图案，主要有二方连续和四方连续菱形套连图案、二方连续和四方连续菱形连环图案、二方连续和四方连续菱形穿环图案、十字穿环图案、三角形图案等。其中，以菱形套连图案、菱形连环图案、菱形穿环图案比较常见。另外，主体画像的边框装饰图案，主要有由诸多小三角形组成的锯齿纹和由若干圆弧纹连续组成的垂幔纹两种。有些看似单纯的图案还可能具有某些象征意义，如出现在门扉石或封门石上的菱形或十字装饰图案应该代表窗户，出现在墓顶石上的装饰图案或许是代表日月星辰的艺术符号。有些门扉石上的装饰图案还施有朱红色颜料，这可能与辟邪意义有关。《楚辞·招魂》曰："网户朱缀，刻方连些。"

南阳汉画像石中的装饰图案并不是简单的几何图形，而是以几何图形为基本单位进行组合、以某一种图形大小相套或多方连续的图案，如菱形套连图案、菱形连环图案。

南阳汉画像石中的装饰图案，富于变化，刻工精细准确，表明汉代人对几何形图案的运用已达到了较高的水平。他们在勾画图形时不是随心所欲，而大都是圆者中规，方者中矩，直线准于绳墨。早在原始社会的新石器时代，先民们已发明了几何学所使用的重要工具——规和矩。典籍中不乏规、矩的记载。如《孟子》中说："不以规矩，不能成方圆。"《史记·夏本纪》中记载：夏禹"陆行乘车，水行乘船……左准绳，右规矩，载四时，以开九州，通九道，陂九泽，度九山"。汉代时几何形图案在艺术设计中的运用日臻熟练，正因为如此，南阳汉画像石中的装饰图案才更加凸显出有意味的形式之美。

菱形套连

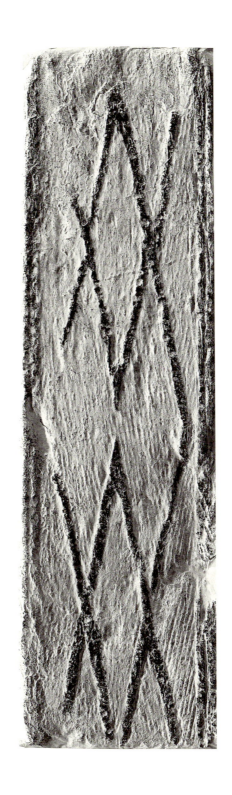

菱形套连图案

125 cm × 35 cm　征集于南阳市

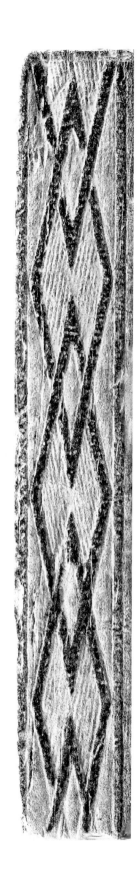

菱形套连图案

125 cm × 35 cm　征集于南阳市

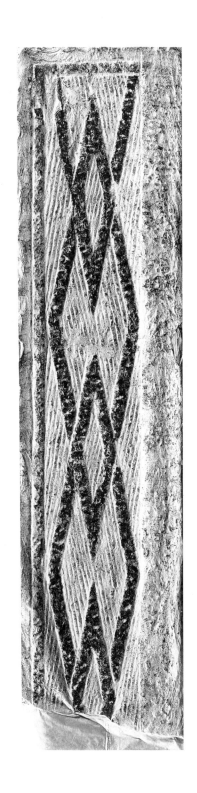

菱形套连图案

90 cm ×23 cm 征集于南阳市

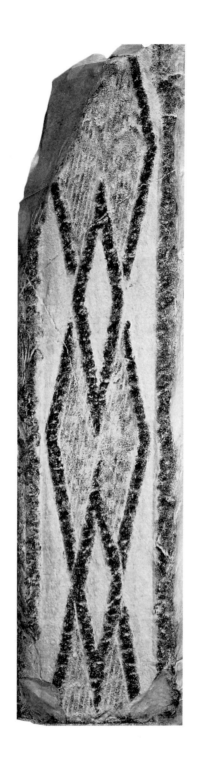

菱形套连图案

90 cm ×22 cm　征集于南阳市

菱形套连图案

117 cm ×19 cm 征集于南阳市

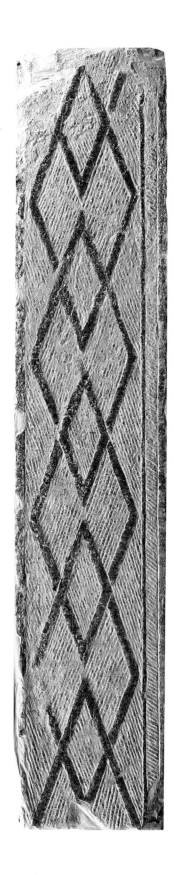

菱形套连图案

180 cm × 36 cm　征集于南阳市

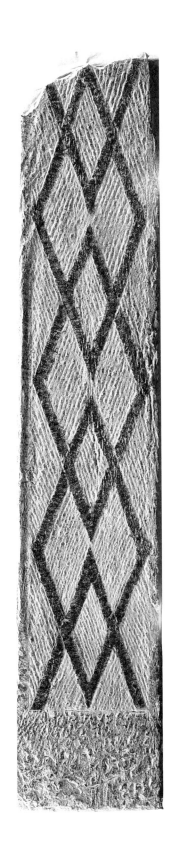

菱形套连图案

138 cm ×30 cm　征集于南阳市

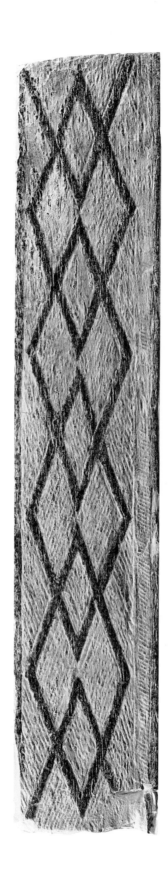

菱形套连图案

178 cm × 36 cm　征集于南阳市

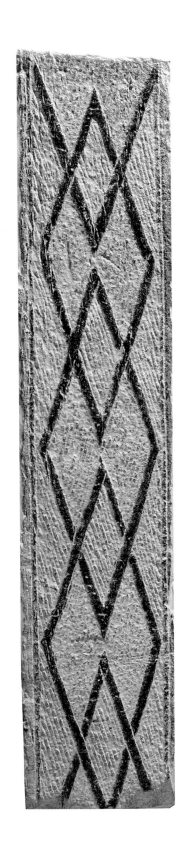

菱形套连图案

152 cm × 30 cm　征集于南阳市

菱形套连图案

113 cm × 36 cm　　征集于南阳市

菱形套连图案

176 cm × 38 cm　征集于南阳市

菱形套连图案

176 cm×38 cm 征集于南阳市

菱形套连图案

149 cm ×31 cm　征集于南阳市

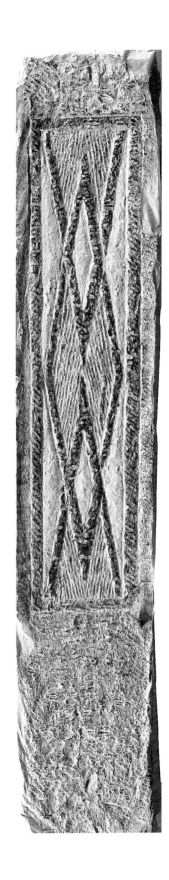

菱形套连图案

152 cm × 28 cm　征集于南阳市

菱形套连图案

152 cm × 37 cm   征集于南阳市

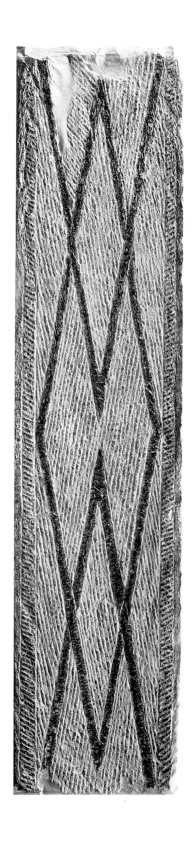

菱形套连图案

147 cm ×34 cm　征集于南阳市

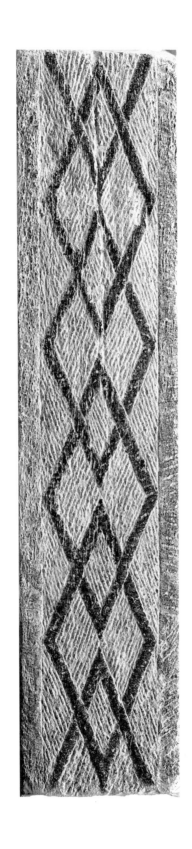

菱形套连图案

145 cm × 33 cm　征集于南阳市

菱形套连图案

147 cm × 35 cm　征集于南阳市

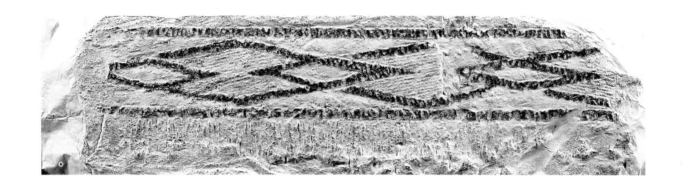

菱形套连图案

128 cm ×41 cm   征集于南阳市

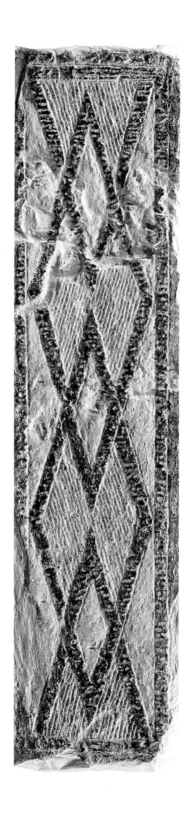

菱形套连图案

126 cm × 34 cm　征集于南阳市

菱形套连图案

173 cm ×25 cm 征集于南阳市

菱形套连图案

173 cm × 36 cm　征集于南阳市

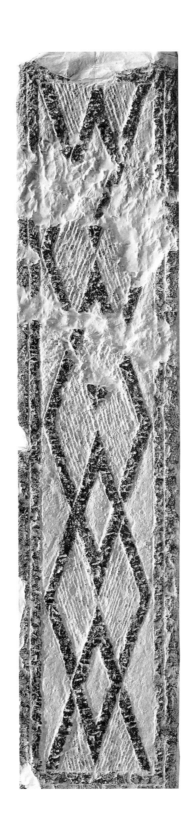

菱形套连图案

150 cm × 30 cm　征集于南阳市

菱形套连图案

147 cm × 34 cm　征集于南阳市

菱形套连图案

132 cm×28 cm　征集于南阳市

菱形套连图案

123 cm ×32 cm　征集于南阳市

菱形套连图案

160 cm ×16 cm　征集于南阳市

菱形套连图案

161 cm × 16 cm　征集于南阳市

菱形套连图案

152 cm × 27 cm　征集于南阳市

菱形套连图案

152 cm ×27 cm　征集于南阳市

菱形套连图案

151 cm ×19 cm　征集于南阳市

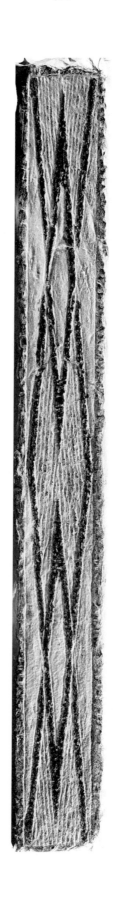

菱形套连图案

150 cm ×18 cm　征集于南阳市

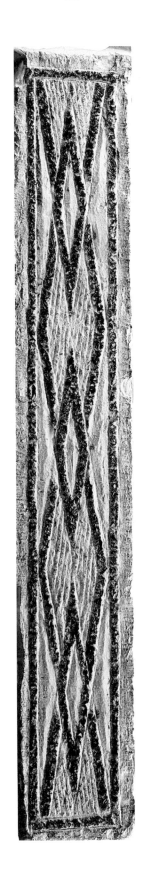

菱形套连图案

114 cm×19 cm 征集于南阳市

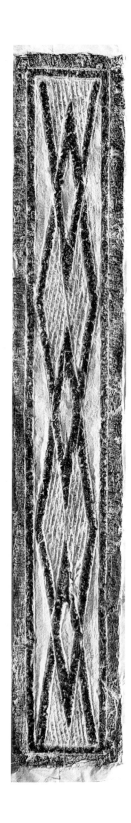

菱形套连图案

114 cm ×19 cm　征集于南阳市

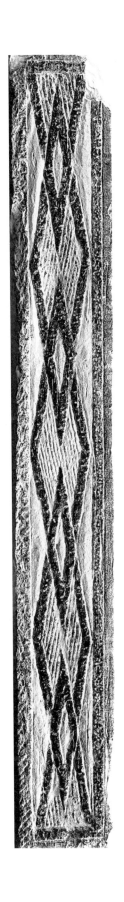

菱形套连图案

160 cm × 22 cm　征集于南阳市

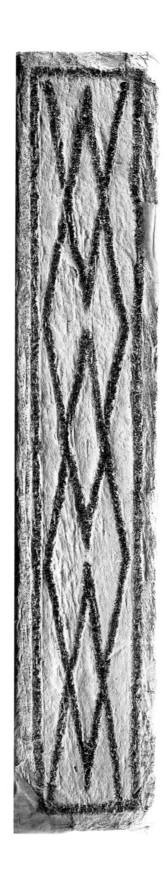

菱形套连图案

125 cm × 24 cm　征集于南阳市

菱形套连图案

125 cm ×24 cm　征集于南阳市

菱形套连图案

96 cm×33 cm　征集于南阳市

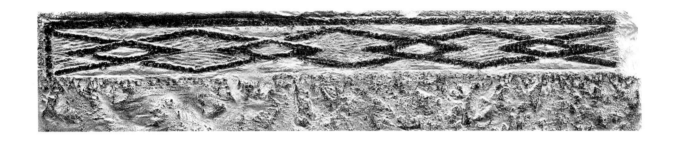

菱形套连图案

114 cm × 34 cm　征集于南阳市

菱形套连图案

138 cm × 37 cm　　征集于南阳市

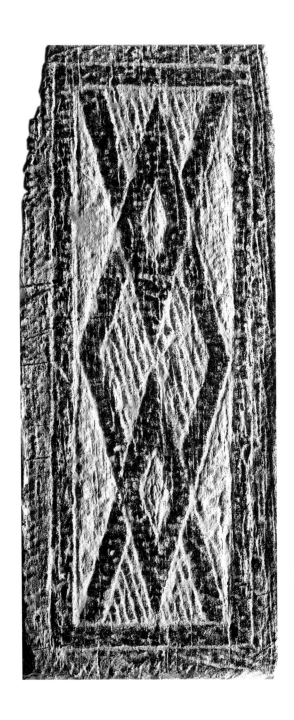

菱形套连图案

71 cm ×30 cm　征集于南阳市

菱形套连图案

71 cm ×33 cm　征集于南阳市

菱形套连图案

97 cm ×28 cm　征集于南阳市

菱形套连图案

97 cm ×28 cm　征集于南阳市

菱形套连图案

155 cm × 26 cm　征集于南阳市

菱形套连图案

110 cm × 29 cm　征集于南阳市

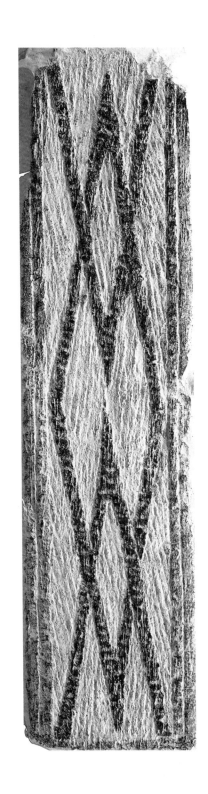

菱形套连图案

109 cm × 30 cm　征集于南阳市

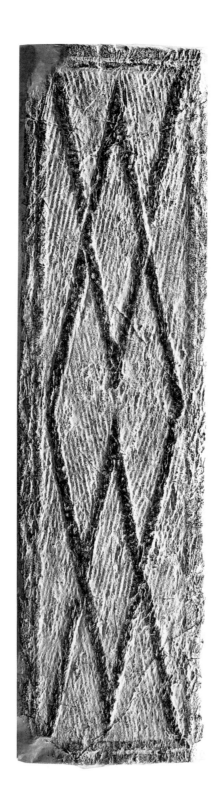

菱形套连图案

123 cm ×35 cm　征集于南阳市

菱形套连图案

123 cm ×35 cm　征集于南阳市

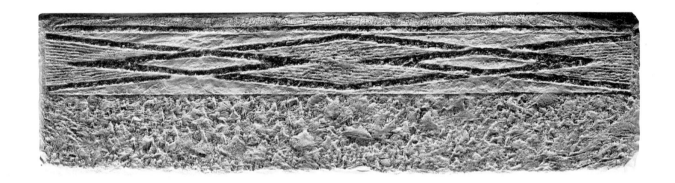

菱形套连图案

137 cm × 40 cm　征集于南阳市

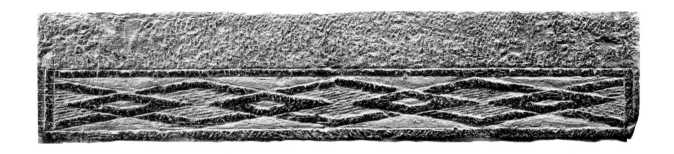

菱形套连图案

160 ㎝ ×33 ㎝　征集于南阳市

菱形套连图案

160 cm × 33 cm　征集于南阳市

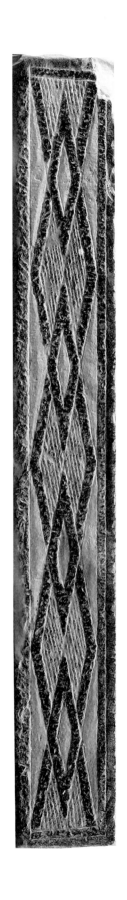

菱形套连图案

159 cm ×21 cm　征集于南阳市

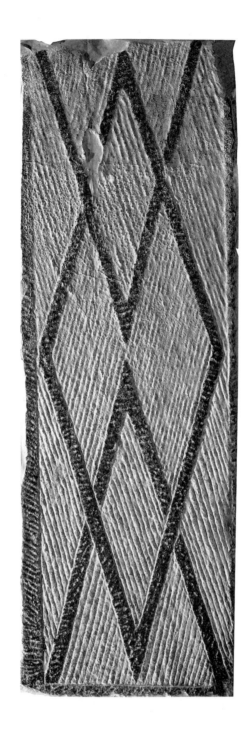

菱形套连图案

153 cm ×54 cm　征集于南阳市

菱形套连图案

143 cm × 10 cm　征集于南阳市

菱形套连图案

143 ㎝ ×10 ㎝　征集于南阳市

菱形套连图案

143 cm ×10 cm　征集于南阳市

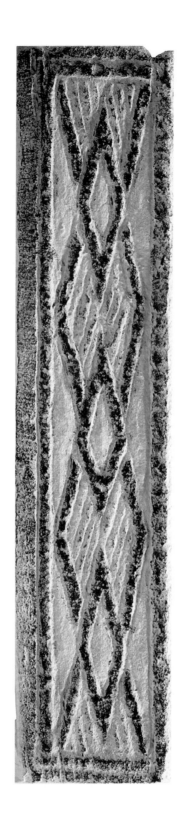

菱形套连图案

143 cm × 10 cm　征集于南阳市

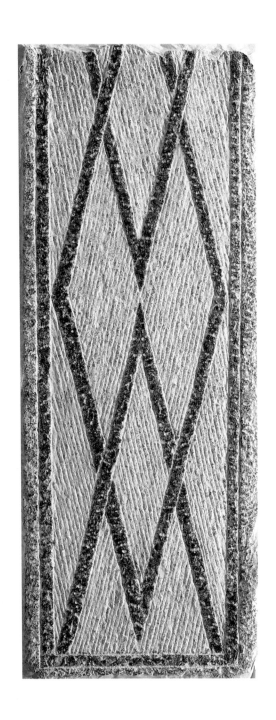

菱形套连图案

122 cm × 48 cm 征集于南阳市

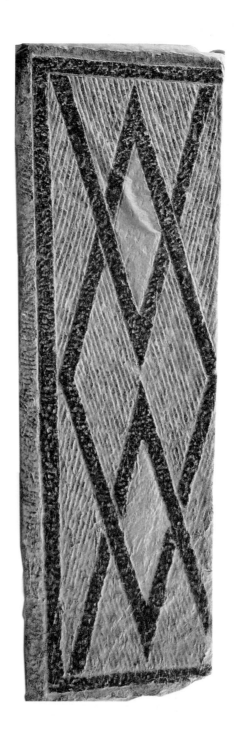

菱形套连图案

156 cm ×50 cm　征集于南阳市

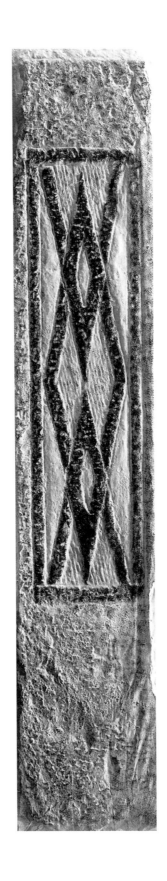

菱形套连图案

165 cm × 30 cm　征集于南阳市

菱形套连图案

174 cm × 40 cm　征集于南阳市

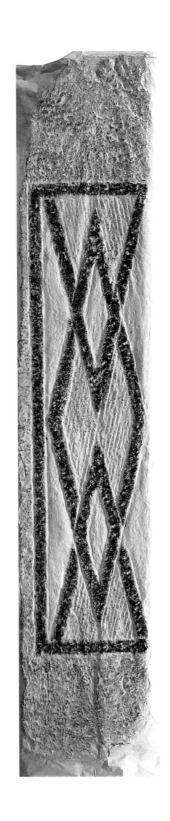

菱形套连图案

137 cm × 27 cm 征集于南阳市

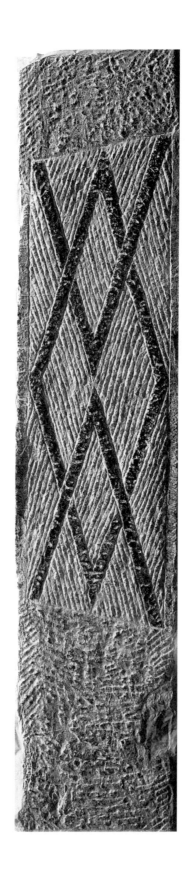

菱形套连图案

189 cm × 37 cm　征集于南阳市

菱形套连图案

160 cm ×29 cm　征集于南阳市

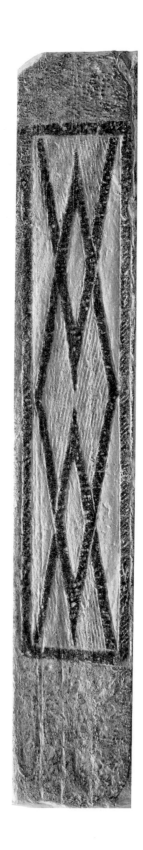

菱形套连图案

163 cm ×28 cm　征集于南阳市

菱形套连图案

188 cm ×23 cm　征集于南阳市

菱形套连图案

110 cm × 31 cm　征集于南阳市

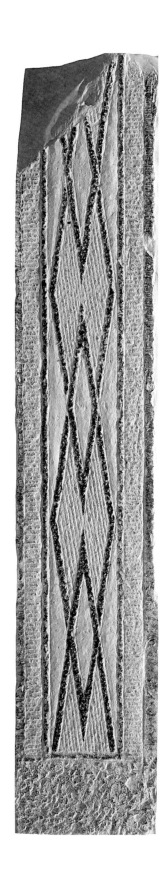

菱形套连图案

191 cm × 37 cm 征集于南阳市

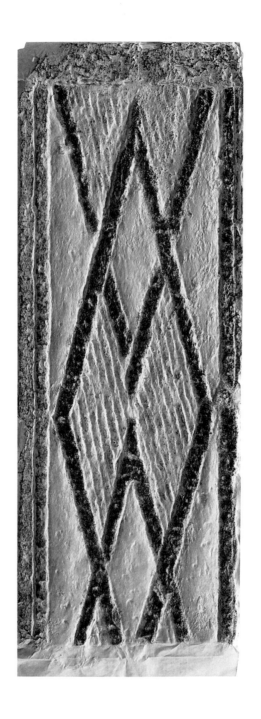

菱形套连图案

115 cm ×33 cm　征集于南阳市

菱形套连图案

148 cm × 19 cm　征集于南阳市

菱形套连图案

107 cm ×32 cm　征集于南阳市

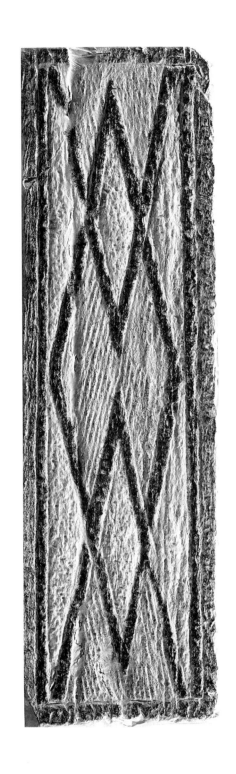

菱形套连图案

107 cm ×32 cm   征集于南阳市

菱形套连图案

107 cm × 32 cm　征集于南阳市

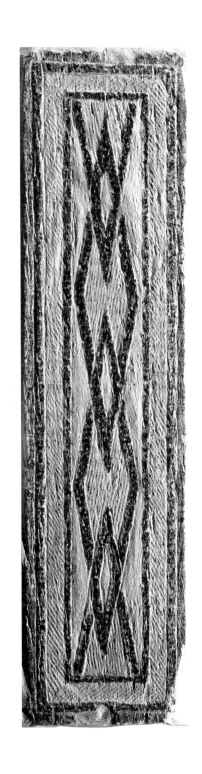

菱形套连图案

128 cm × 32 cm　征集于南阳市

菱形套连图案

150 cm ×34 cm　征集于南阳市

菱形套连图案

193 cm ×38 cm　征集于南阳市

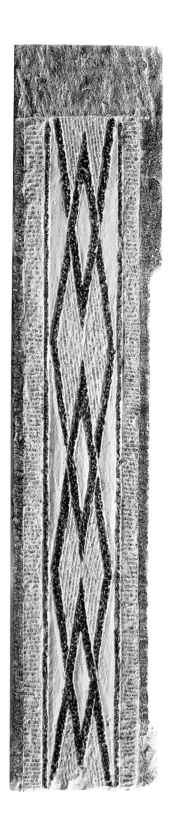

菱形套连图案

190 cm ×39 cm　征集于南阳市

菱形套连图案

137 ㎝ ×33 ㎝　　征集于南阳市

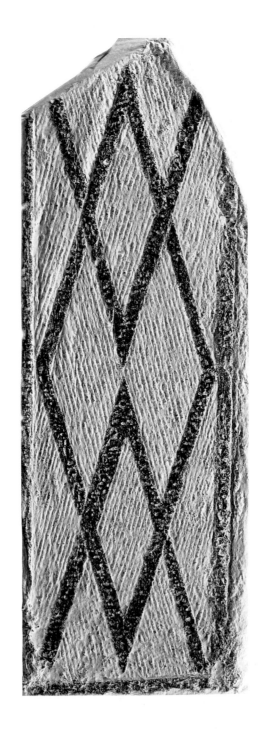

菱形套连图案

111 cm × 44 cm　征集于南阳市

菱形套连图案

112 cm × 32 cm　征集于南阳市

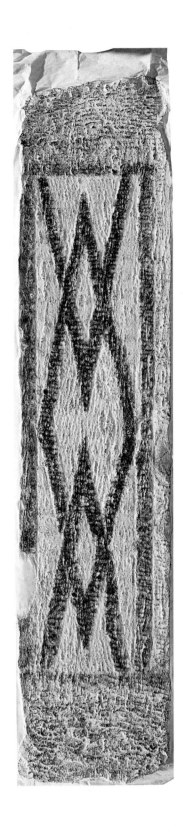

菱形套连图案

124 cm×34 cm　征集于南阳市

菱形套连图案

102 cm × 44 cm   征集于南阳市

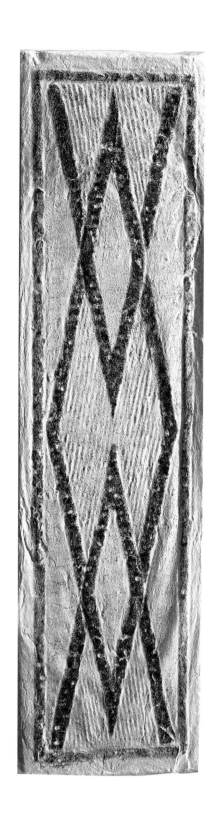

菱形套连图案

117 cm ×32 cm　征集于南阳市

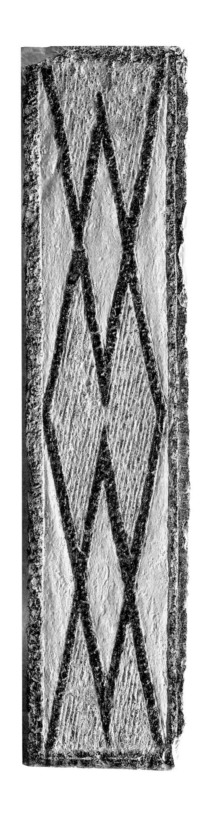

菱形套连图案

140 ㎝ ×32 ㎝　征集于南阳市

菱形套连图案

161 cm ×26 cm　征集于南阳市

菱形套连图案

187 cm ×34 cm 征集于南阳市

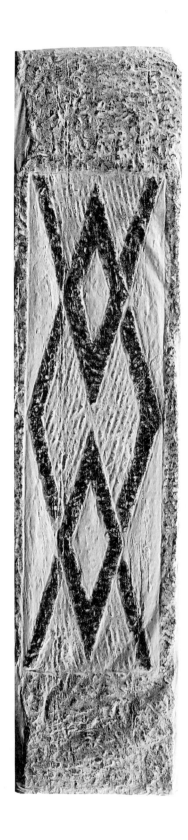

菱形套连图案

187 cm ×32 cm　征集于南阳市

菱形套连图案

187 cm × 34 cm　征集于南阳市

菱形套连图案

188 cm ×28 cm　征集于南阳市

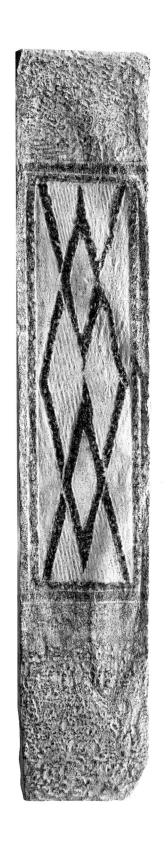

菱形套连图案

188 cm × 35 cm　征集于南阳市

菱形套连图案

188 cm ×28 cm　征集于南阳市

菱形套连图案

155 cm ×38 cm　征集于南阳市

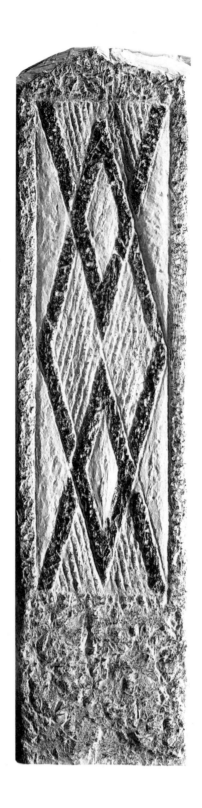

菱形套连图案

189 cm × 34 cm　征集于南阳市

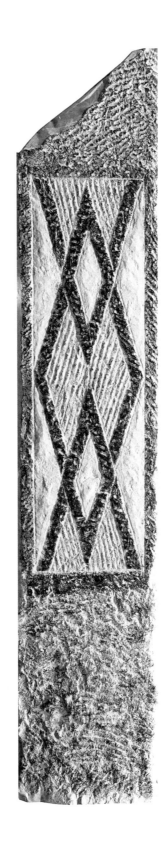

菱形套连图案

189 cm × 34 cm　　征集于南阳市

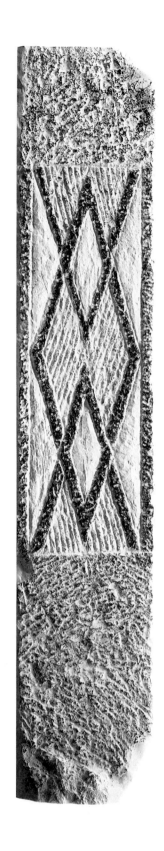

菱形套连图案

189 cm × 34 cm　征集于南阳市

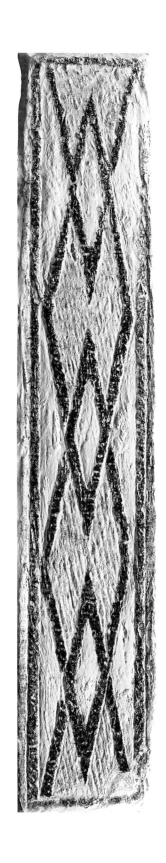

菱形套连图案

178 ㎝ ×33 ㎝ 征集于南阳市

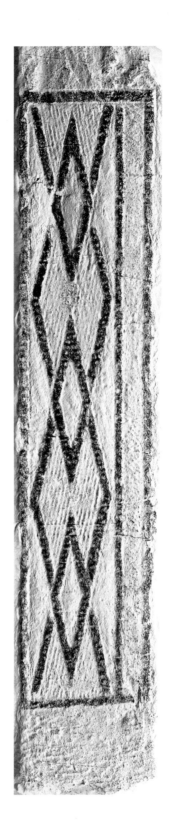

菱形套连图案

114 cm × 23 cm　征集于南阳市

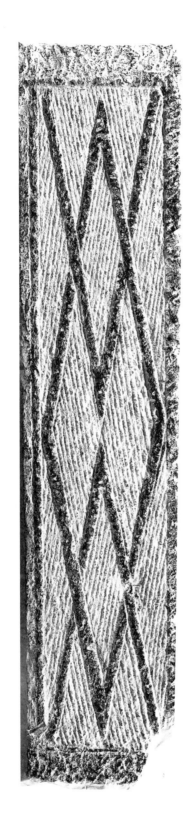

菱形套连图案

121 cm × 28 cm　征集于南阳市

菱形套连图案

186 cm × 40 cm　征集于南阳市

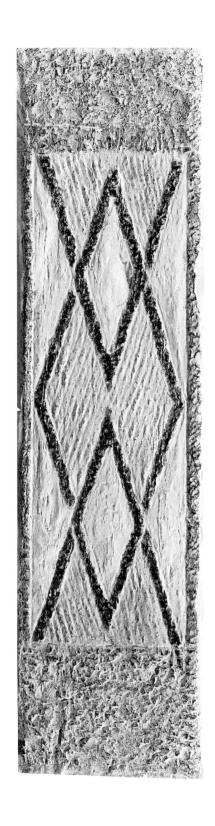

菱形套连图案

186 cm × 37 cm　　征集于南阳市

菱形套连图案

186 cm × 35 cm　　征集于南阳市

菱形套连图案

186 cm ×35 cm   征集于南阳市

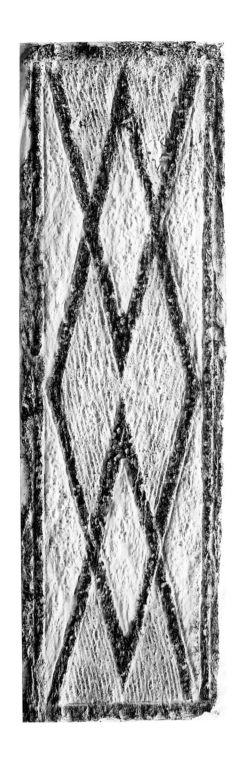

菱形套连图案

107 cm ×33 cm　征集于南阳市

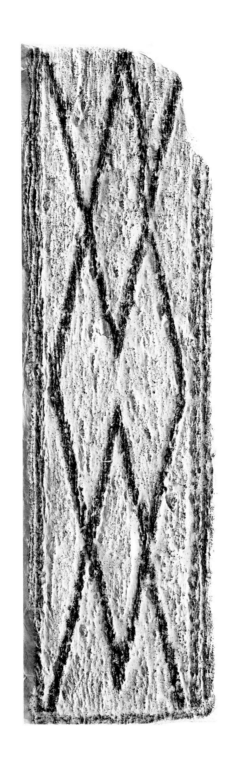

菱形套连图案

107 cm×33 cm　征集于南阳市

菱形套连图案

107 cm×32 cm　征集于南阳市

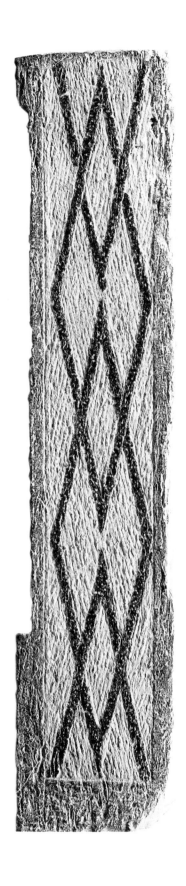

菱形套连图案

184 cm ×37 cm　征集于南阳市

菱形套连图案

156 cm ×20 cm　　征集于南阳市

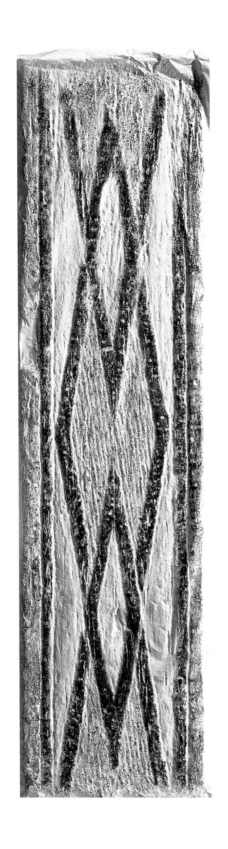

菱形套连图案

100 cm × 30 cm　征集于南阳市

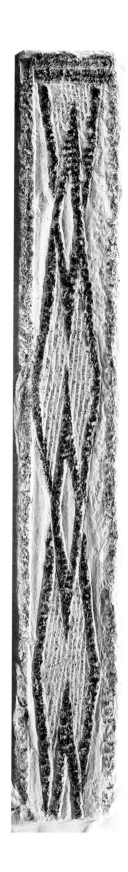

菱形套连图案

100 cm ×15 cm　征集于南阳市

菱形套连图案

110 cm ×27 cm　征集于南阳市

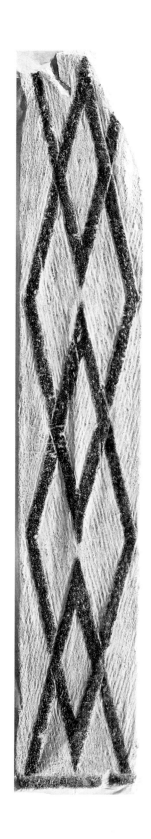

菱形套连图案

152 cm ×27 cm　征集于南阳市

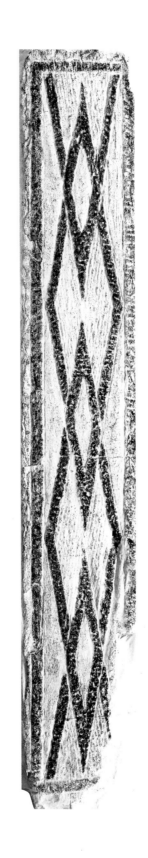

菱形套连图案

189 ㎝ × 33 ㎝　征集于南阳市

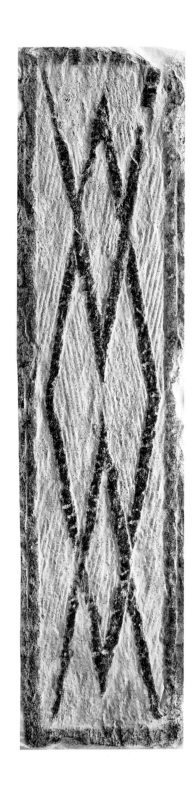

菱形套连图案

116 cm ×29 cm　征集于南阳市

菱形套连图案

123 cm × 18 cm　征集于南阳市

菱形套连图案

123 cm ×18 cm　征集于南阳市

菱形套连图案

139 cm ×18 cm　征集于南阳市

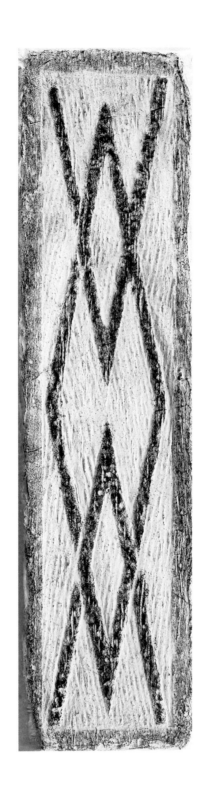

菱形套连图案

106 cm ×27 cm　征集于南阳市

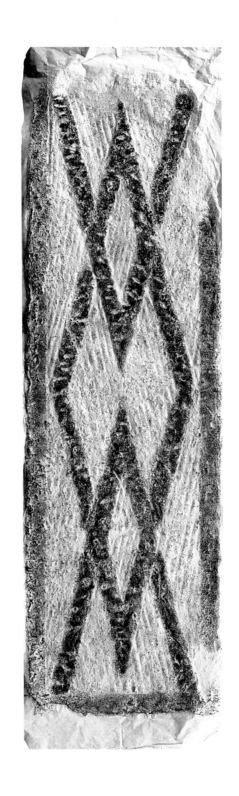

菱形套连图案

106 cm × 33 cm　征集于南阳市

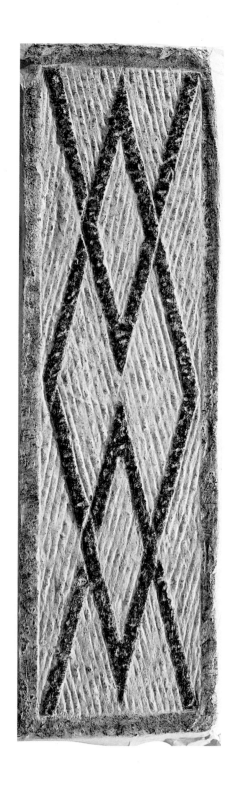

菱形套连图案

106 cm × 33 cm　征集于南阳市

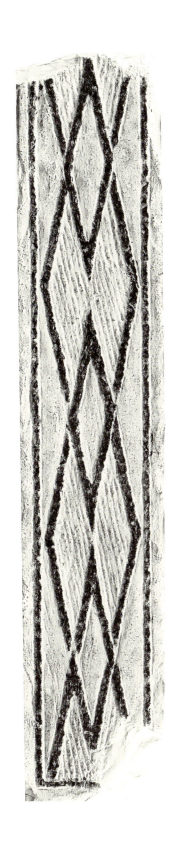

菱形套连图案

118 cm ×24 cm　征集于南阳市

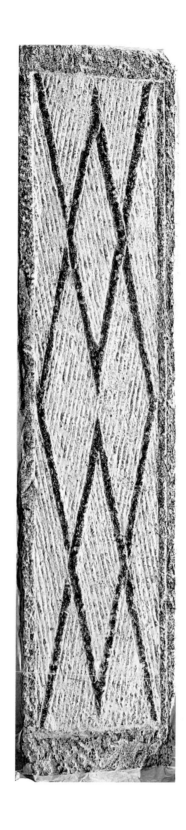

菱形套连图案

122 cm × 28 cm　征集于南阳市

菱形套连图案

110 cm ×23 cm　征集于南阳市

菱形套连图案

150 cm ×24 cm　征集于南阳市

〔菱形穿（连）环〕

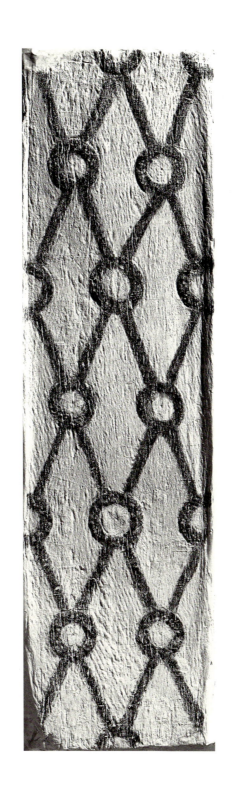

菱形连环图案

163 cm × 46 cm　征集于南阳市

菱形穿环图案

130 cm × 45 cm　征集于南阳市

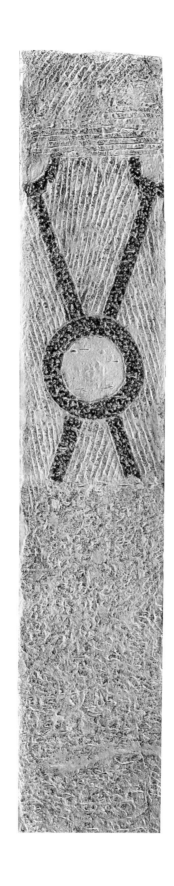

菱形连环图案

193 cm × 30 cm　征集于南阳市

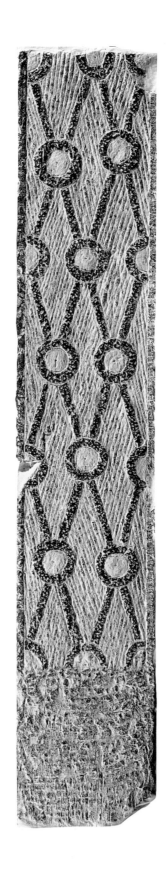

菱形连环图案

193 cm × 33 cm　征集于南阳市

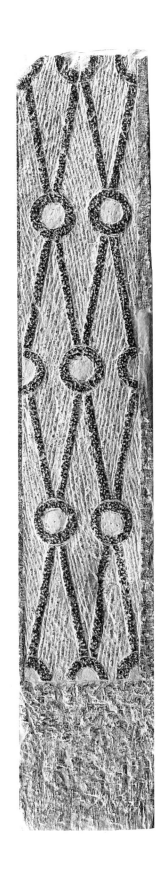

菱形连环图案

193 cm × 33 cm　征集于南阳市

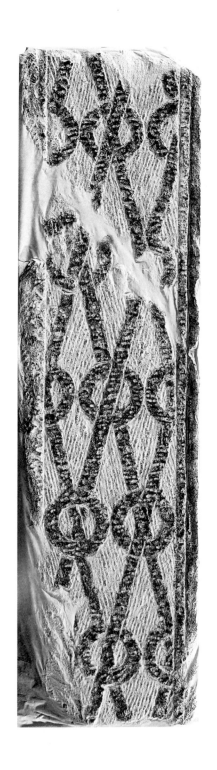

菱形穿环图案

126 cm × 35 cm　征集于南阳市

菱形穿环图案

152 cm × 37 cm　征集于南阳市

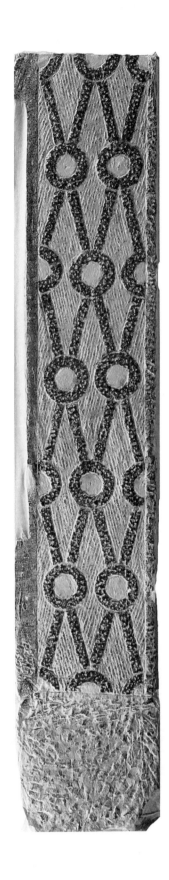

菱形连环图案

216 cm × 40 cm　征集于南阳市

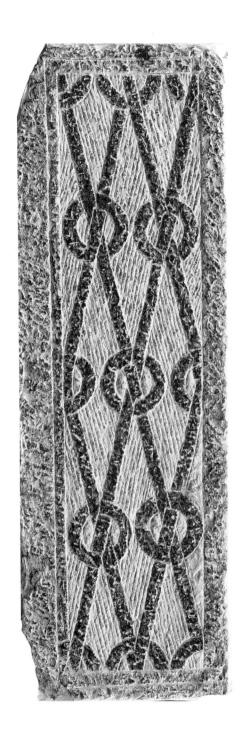

菱形穿环图案

163 cm ×56 cm　征集于南阳市

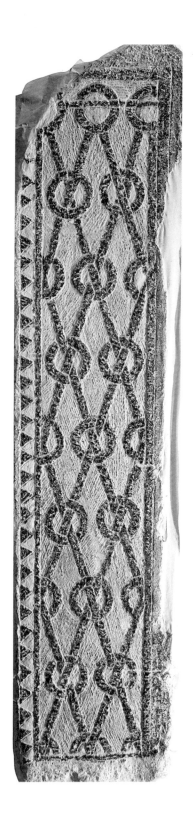

菱形穿环图案

213 cm × 44 cm　　征集于南阳市

菱形穿环图案

213 cm ×44 cm　征集于南阳市

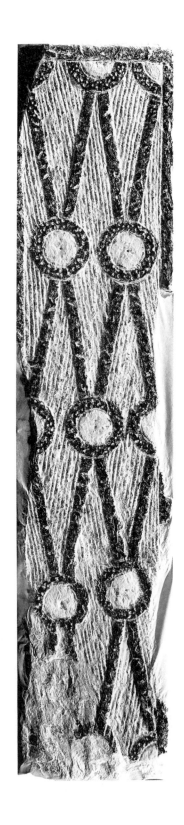

菱形连环图案

150 cm × 33 cm　征集于南阳市

菱形穿环图案

160 cm ×53 cm　征集于南阳市

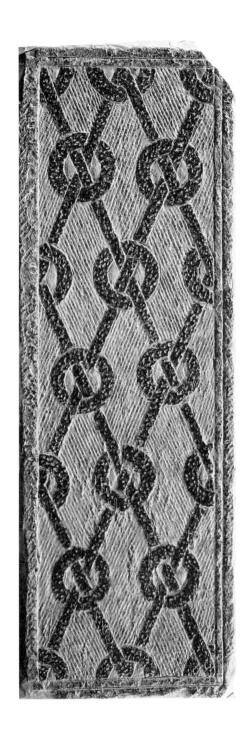

菱形穿环图案

164 cm ×56 cm　征集于南阳市

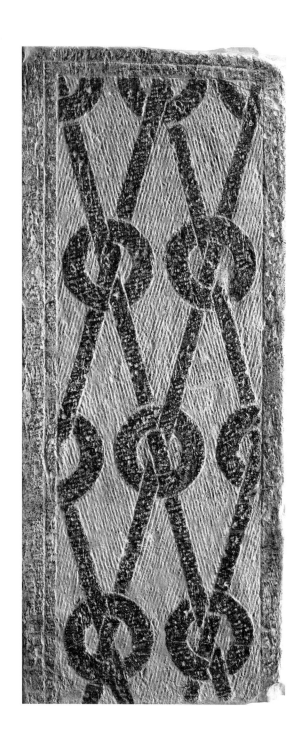

菱形穿环图案

140 cm ×56 cm　征集于南阳市

菱形穿环图案

161 cm ×64 cm　征集于南阳市

菱形穿环图案

161 cm ×60 cm　征集于南阳市

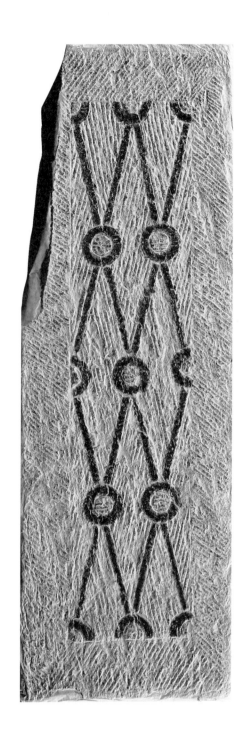

菱形连环图案

156 cm × 55 cm　征集于南阳市

菱形连环图案

163 cm ×54 cm　征集于南阳市

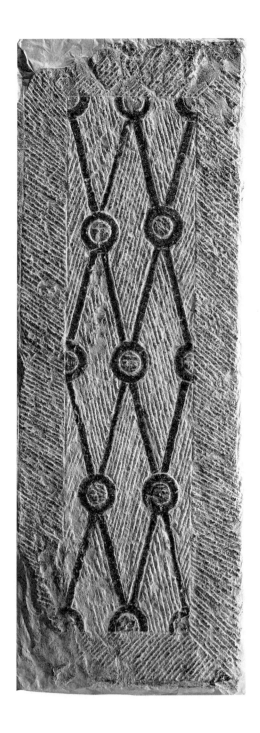

菱形连环图案

165 cm ×58 cm　征集于南阳市

菱形穿环图案

168 ㎝ ×58 ㎝　征集于南阳市

菱形穿环图案

136 cm × 55 cm　征集于南阳市

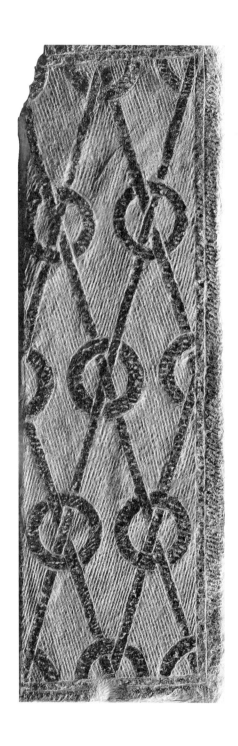

菱形穿环图案

176 cm × 55 cm　征集于南阳市

菱形连环图案

161 cm × 59 cm　征集于南阳市

菱形穿环图案

175 ㎝ ×57 ㎝　征集于南阳市

菱形穿环图案

164 cm ×54 cm　征集于南阳市

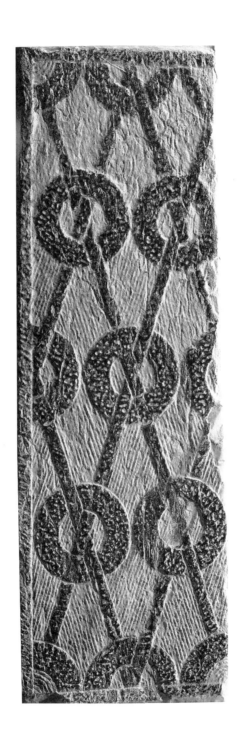

菱形穿环图案

154 cm × 48 cm　征集于南阳市

菱形穿环图案

145 cm × 37 cm　征集于南阳市

菱形穿环图案

163 cm × 37 cm　征集于南阳市

菱形连环图案

168 cm ×40 cm　征集于南阳市

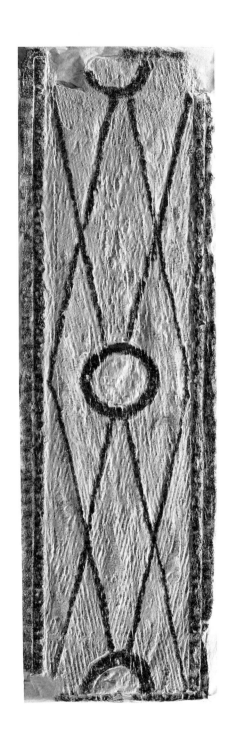

菱形连环图案

120 ㎝ ×38 ㎝　　征集于南阳市

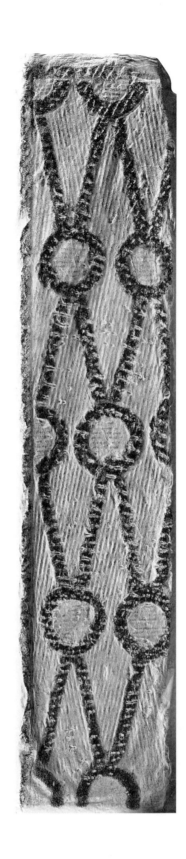

菱形连环图案

136 cm ×31 cm　征集于南阳市

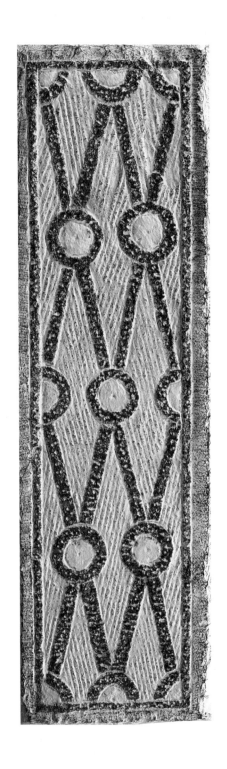

菱形连环图案

107 cm ×32 cm　征集于南阳市

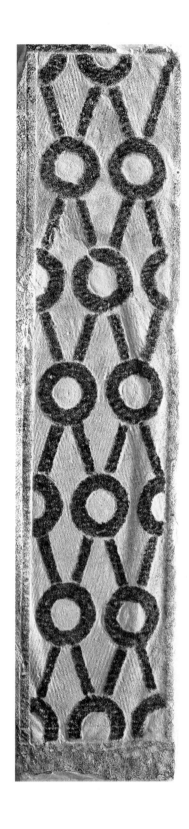

菱形连环图案

150 cm ×36 cm　征集于南阳市

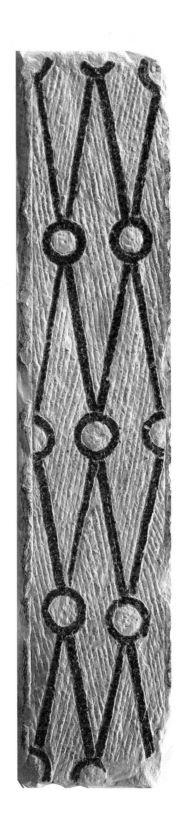

菱形连环图案

174 cm ×36 cm　　征集于南阳市

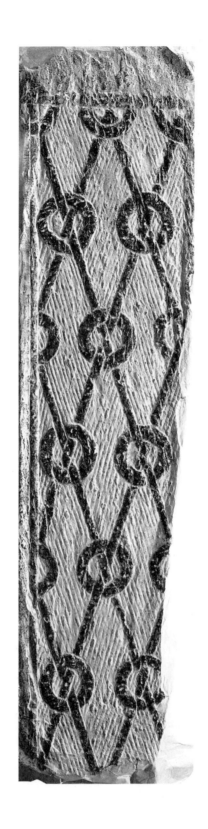

菱形穿环图案

168 ㎝ × 40 ㎝　征集于南阳市

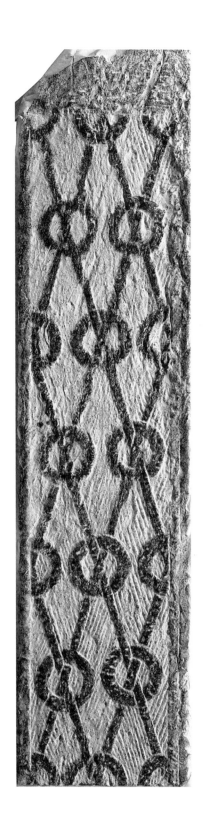

菱形穿环图案

163 cm×40 cm　征集于南阳市

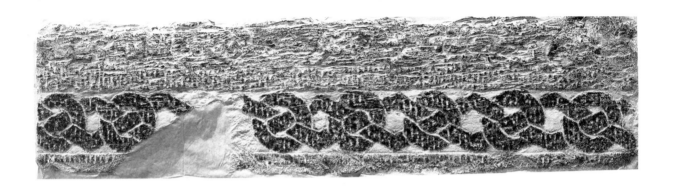

菱形穿环图案

123 cm × 30 cm　征集于南阳市

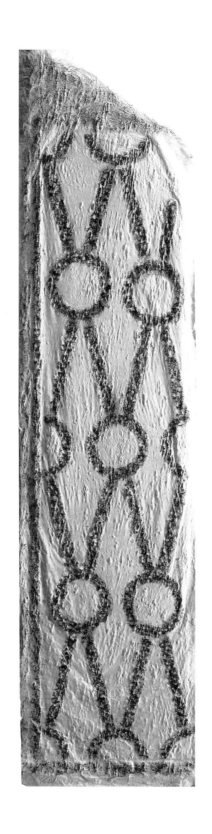

菱形连环图案

136 cm × 32 cm　征集于南阳市

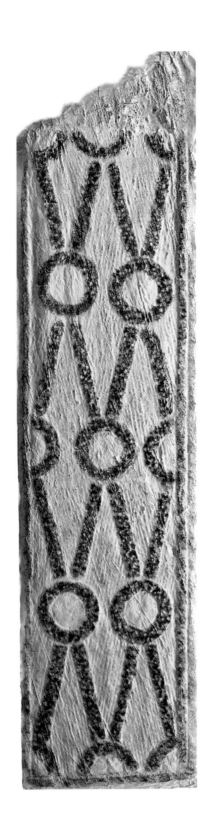

菱形连环图案

136 cm×32 cm　征集于南阳市

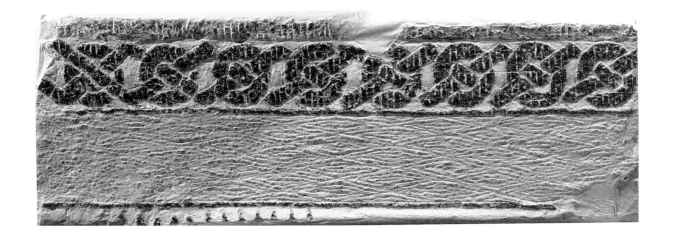

菱形穿环图案

114㎝×43㎝　征集于南阳市

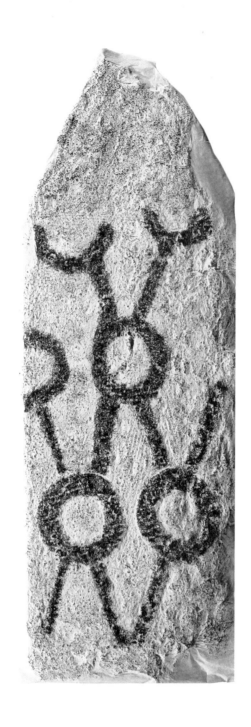

菱形连环图案

111 cm ×44 cm　征集于南阳市

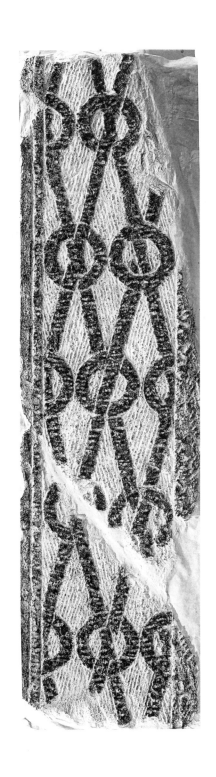

菱形穿环图案

124 cm × 36 cm　征集于南阳市

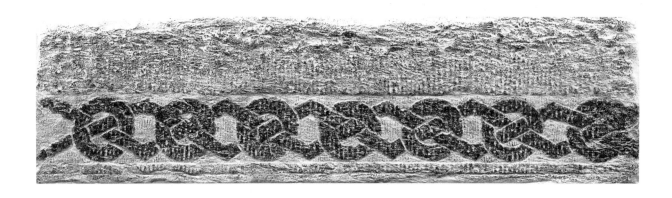

菱形穿环图案

130 cm ×38 cm　征集于南阳市

菱形穿环图案

125 cm × 31 cm　征集于南阳市

菱形穿环图案

102 cm × 44 cm　征集于南阳市

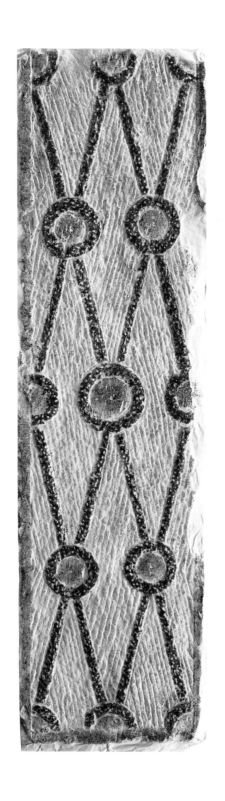

菱形连环图案

122 cm × 34 cm　征集于南阳市

菱形连环图案

170 cm × 36 cm　征集于南阳市

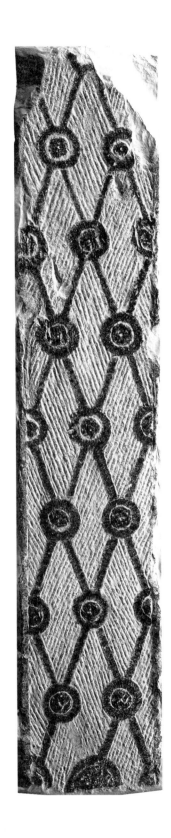

菱形连环图案

173 cm × 35 cm　征集于南阳市

菱形连环图案

175 cm × 33 cm　征集于南阳市

菱形穿环图案

136 cm ×42 cm　征集于南阳市

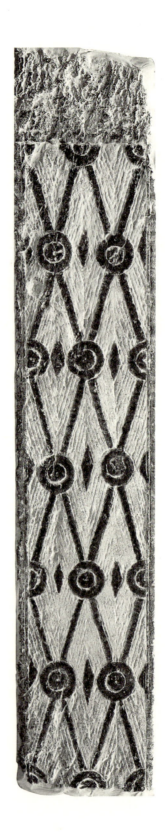

菱形连环图案

185 cm × 35 cm　征集于南阳市

菱形穿环图案

99 cm × 41 cm　征集于南阳市

菱形穿环图案

88 cm × 33 cm　征集于南阳市

菱形穿环图案

70 cm ×25 cm　征集于南阳市

菱形穿环图案

70 cm ×25 cm　征集于南阳市

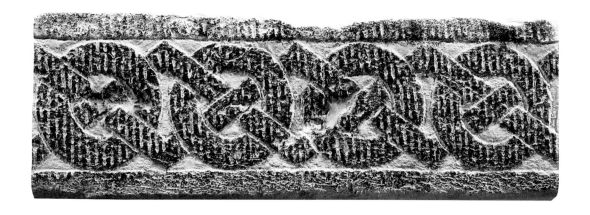

菱形穿环图案

76 cm ×25 cm　　征集于南阳市

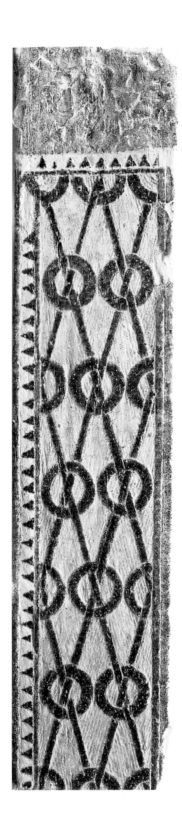

菱形穿环图案

193 cm×41 cm　征集于南阳市

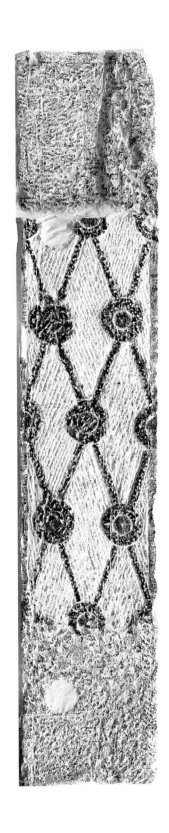

菱形连环图案

164 cm ×33 cm　征集于南阳市

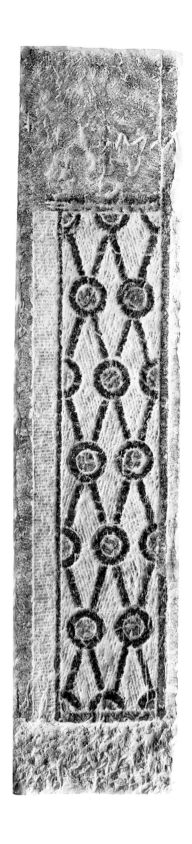

菱形连环图案

164 cm × 38 cm　征集于南阳市

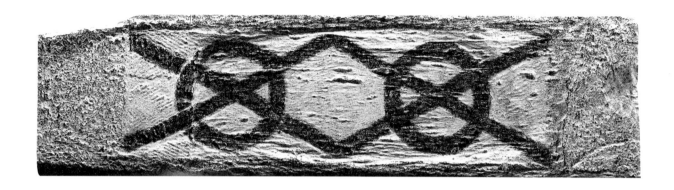

菱形穿环图案

161 cm × 36 cm　征集于南阳市

菱形穿环图案

107 cm × 43 cm　征集于南阳市

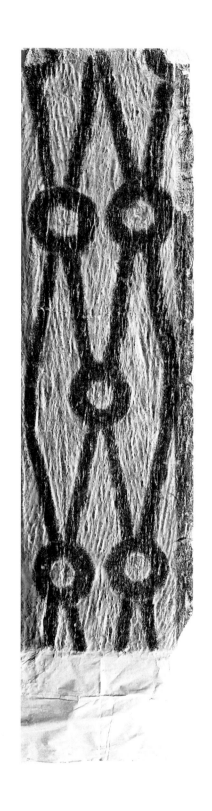

菱形连环图案

149 cm ×35 cm　征集于南阳市

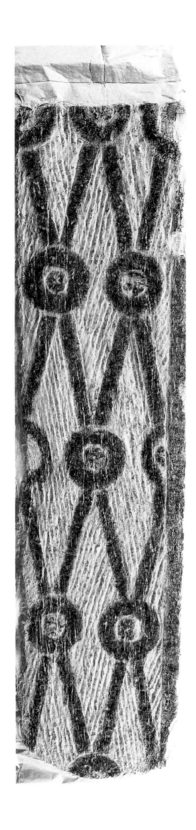

菱形连环图案

149 cm × 35 cm　征集于南阳市

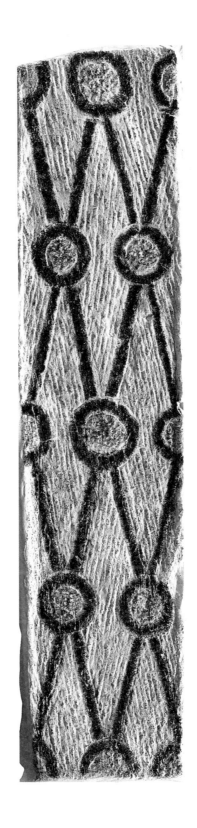

菱形连环图案

114 cm × 35 cm　征集于南阳市

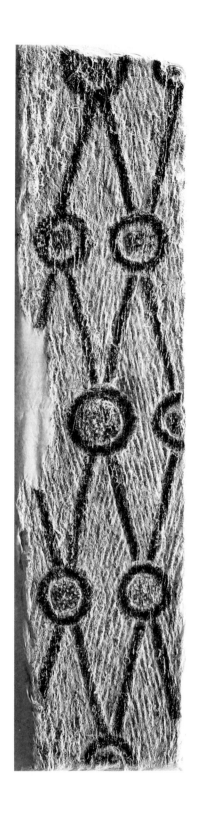

菱形连环图案

114 cm × 35 cm　征集于南阳市

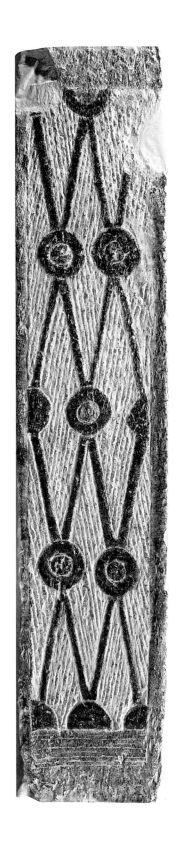

菱形连环图案

194 cm × 38 cm　征集于南阳市

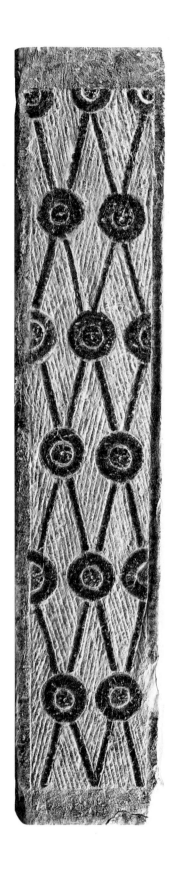

菱形连环图案

194 cm ×38 cm　征集于南阳市

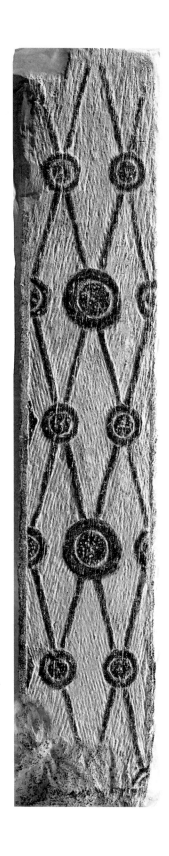

菱形连环图案

167 cm × 34 cm　征集于南阳市

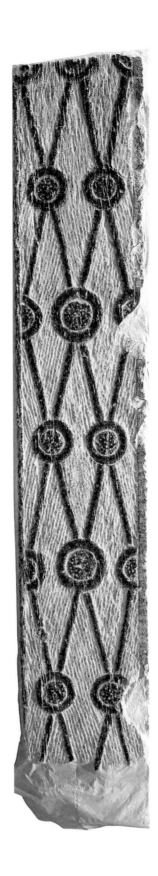

菱形连环图案

167 cm ×34 cm　征集于南阳市

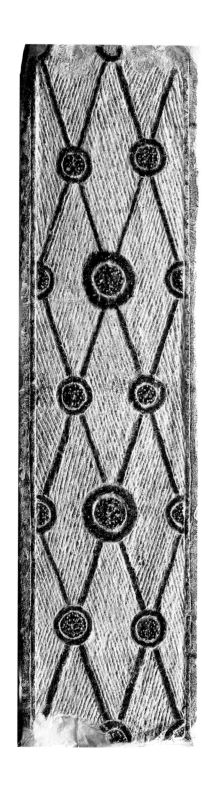

菱形连环图案

160 cm × 42 cm　征集于南阳市

菱形连环图案

110 cm × 44 cm　征集于南阳市

菱形穿环图案

200 cm × 41 cm　征集于南阳市

菱形穿环图案

118 cm × 32 cm　征集于南阳市

菱形穿环图案

118 cm × 32 cm　征集于南阳市

菱形穿环图案

118 cm ×38 cm　征集于南阳市

菱形套连绕环图案

150 cm ×30 cm 征集于南阳市

菱形套连绕环图案

148 cm ×32 cm　征集于南阳市

菱形套连绕环图案

142 cm × 38 cm　征集于南阳市

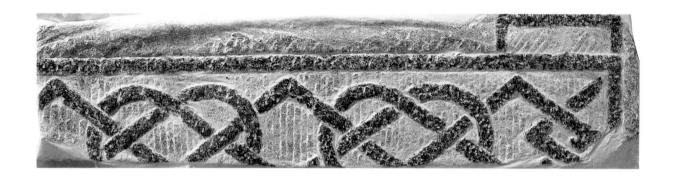

菱形套连绕环图案

125 cm × 34 cm　征集于南阳市

菱形套连绕环图案

155 cm × 32 cm　征集于南阳市

菱形套连绕环图案

145 cm × 38 cm　征集于南阳市

菱形套连绕环图案

175 cm × 37 cm　征集于南阳市

菱形套连绕环图案

153 cm ×36 cm　征集于南阳市

菱形套连绕环图案

128 cm × 33 cm　征集于南阳市

菱形套连绕环图案

143 cm × 38 cm　征集于南阳市

菱形套连绕环图案

116 cm × 33 cm　征集于南阳市

菱形套连绕环图案

116 cm ×31 cm　征集于南阳市

菱形套连绕环图案

144 cm × 35 cm　征集于南阳市

菱形套连绕环图案

138 cm × 38 cm　征集于南阳市

菱形排列

菱形排列图案

152 cm × 103 cm　征集于南阳市

菱形排列图案

172 cm × 26 cm　征集于南阳市

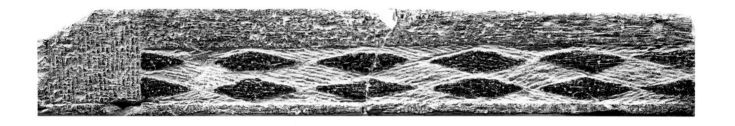

菱形排列图案

172 cm ×26 cm　征集于南阳市

菱形排列图案

164 cm×25 cm　征集于南阳市

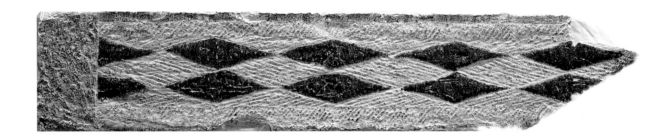

菱形排列图案

146 cm × 28 cm　征集于南阳市

菱形排列图案

170 cm × 35 cm　征集于南阳市

菱形排列图案

175 cm × 33 cm   征集于南阳市

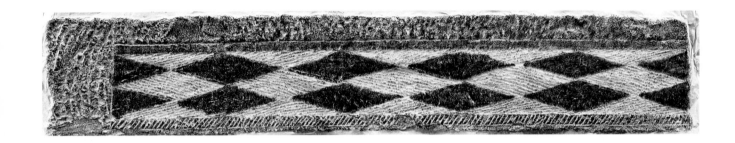

菱形排列图案

156 cm ×29 cm　征集于南阳市

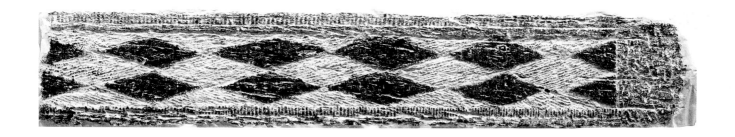

菱形排列图案

168 cm ×29 cm   征集于南阳市

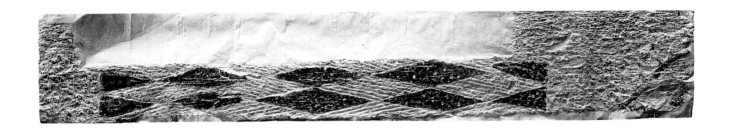

菱形排列图案

184 cm × 30 cm 征集于南阳市

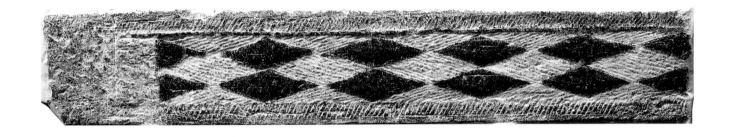

菱形排列图案

154 cm ×26 cm　征集于南阳市

菱形排列图案

174 cm × 34 cm　征集于南阳市

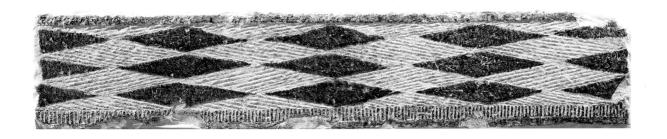

菱形排列图案

174 cm ×27 cm　征集于南阳市

菱形排列图案

139 cm × 33 cm　征集于南阳市

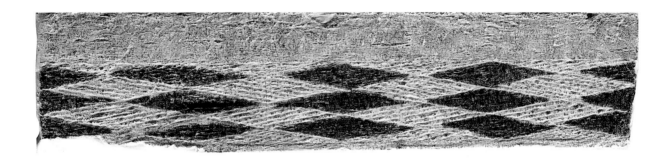

菱形排列图案

139 cm ×33 cm 征集于南阳市

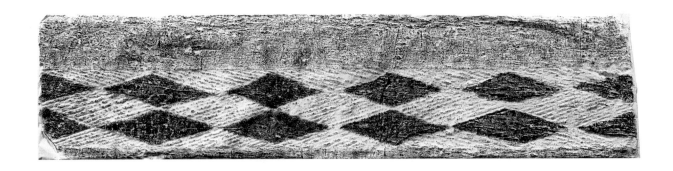

菱形排列图案

139 cm × 32 cm　征集于南阳市

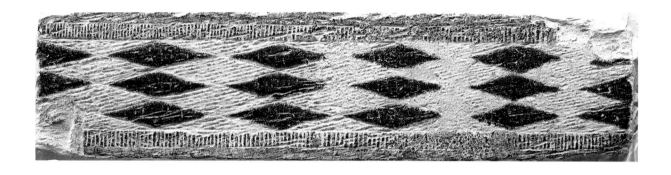

菱形排列图案

140 cm ×34 cm　征集于南阳市

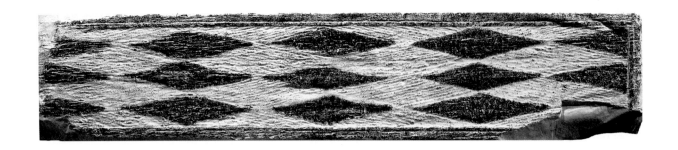

菱形排列图案

160 cm ×33 cm　征集于南阳市

菱形排列图案

160 cm ×33 cm　征集于南阳市

菱形排列图案

158 cm ×28 cm　征集于南阳市

〔十字穿环〕

十字穿环图案

116 cm × 35 cm　征集于南阳市

十字穿环图案

117 cm × 34 cm　征集于南阳市

十字穿环图案

130 cm ×27 cm　征集于南阳市

十字穿环图案

118 cm × 33 cm 征集于南阳市

〔三角形〕

三角形图案

126 cm ×29 cm　征集于南阳市

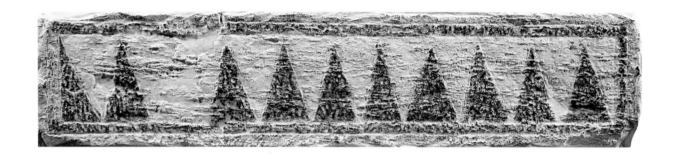

三角形图案

129 cm ×28 cm　征集于南阳市

三角形图案

124 cm ×25 cm　征集于南阳市

三角形图案

104 cm × 39 cm　征集于南阳市

三角形图案

170㎝×36㎝　征集于南阳市

三角形图案

160 cm × 34 cm　征集于南阳市

三角形图案

110 cm ×28 cm　征集于南阳市

三角形图案

114 cm ×19 cm　征集于南阳市

其他

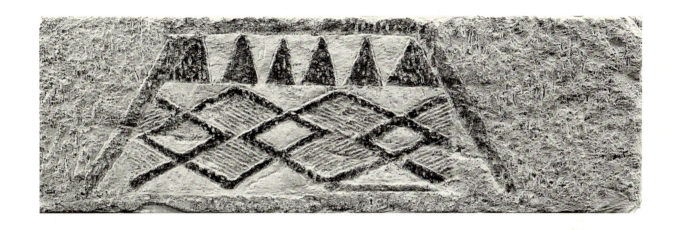

三角形、菱形套连图案

122 cm ×35 cm　征集于南阳市

三角形、菱形套连绕环图案

154 cm × 23 cm   征集于南阳市

三角形、菱形套连图案

136 cm × 30 cm　征集于南阳市

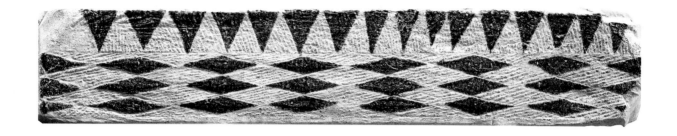

三角形、菱形图案

175 cm ×35 cm 征集于南阳市

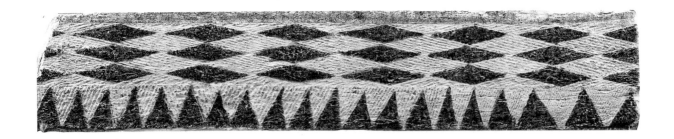

菱形、三角形图案

184 cm ×35 cm　征集于南阳市

菱形、三角形图案

264 cm ×37 cm　征集于南阳市

三角形、菱形穿环图案

116 cm × 44 cm　征集于南阳市

双环相套、菱形套连图案

150 cm ×26 cm　征集于南阳市

圆环、菱形套连图案

245 cm × 33 cm　征集于南阳市

菱形套连图案中部和左边各点缀一圆环，右边二环相套。

菱形套连绕环图案·龙

142 cm ×37 cm　征集于南阳市唐河县白庄

凹槽方框图案

76 cm ×70 cm　征集于南阳市

圆环、方框图案

73 cm ×70 cm　征集于南阳市

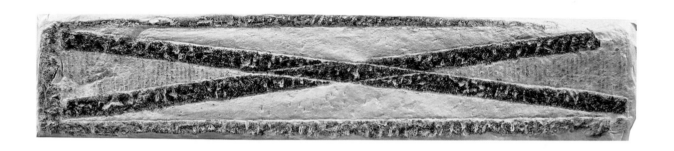

× 形图案

115 cm ×25 cm　征集于南阳市

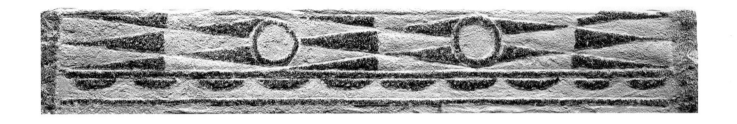

三角形、圆环、连弧复合图案

213 cm×32 cm　征集于南阳市

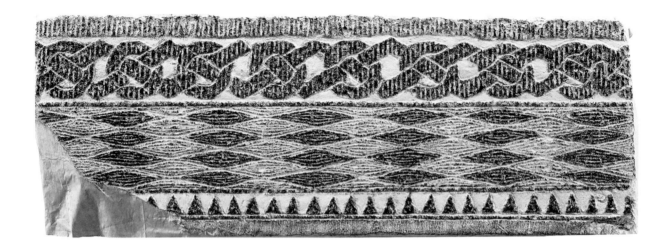

菱形穿环、菱形、三角形图案

121 cm×44 cm　征集于南阳市

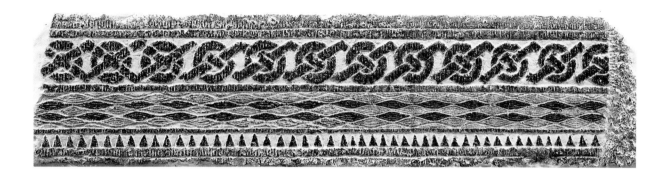

菱形穿环、菱形、三角形图案

172 cm × 43 cm　征集于南阳市

十字穿环绕环图案

109 cm × 30 cm　征集于南阳市

后记

《中国南阳汉画像石大全》出版在即，我甚感欣慰。

此书并非皇皇巨著，却凝聚了许多人的心血。

书名定好之后，我通过家兄二月河请93岁的冯其庸老先生题写书名。后来我给冯先生打电话，他的声音很虚弱，但我听得很清楚："书名我给你写好了。"只是淡淡的一句话，却是一种坚定而温暖的支持。我此生难忘。

公务繁忙的穆为民书记高度关注与支持此书的出版，每月都要亲自听取进度汇报，为我们排忧解难。

家兄二月河从冗杂的事务中抽身写序……

这是一个战斗的过程：2012年5月12日，《中国南阳汉画像石大全》编辑准备工作正式启动。1800余块画像石的2500余幅画面、10000余幅拓片、30000余幅照片历时两年完成；2014年4月30日，十卷初稿定稿。2015年5月，《中国南阳汉画像石大全》进入编辑出版程序。

一切都是那么自然而然，水到渠成；一切又都是那么来之不易，仿佛经历了跋山涉水的长长旅途。然后，在最美的时光里，执着于同一信念的这一群人，共赴这鼓舞人心、令人激动的文化盛筵。

本套书具体分工如下：第一、二、三卷主笔凌皆兵、曾宪波，助理王峰、王明丽；第四、五卷主笔王清建、李真玉，助理石红艳、刘玉；第六、七卷主笔牛天伟、闪彬，助理梁铁灿、黄欣；第八卷主笔王强、郑学胜，助理刘冰、刘兰云；第九卷主笔徐颖、李建，助理金桂莲、周欲晓；第十卷主笔贾勇、牛一帆，助理吕品、陈晨。摄像周欲晓、梁铁灿。大家通过三年艰辛的劳动，洒下了辛苦的汗水。

　　还有那些亲身参与到南阳汉画馆 80 年来"四建三迁"工作中的老同志，那些对全市 50 余座汉画像石墓进行科学发掘的南阳市文物考古研究所的同人，我向他们致以衷心的感谢和深深的敬意！

　　值得庆幸的是，近 20 年来，全国范围内汉画像石墓的发掘和研究取得了令人瞩目的成就，并逐步建立起了汉画学的学科体系，汉画研究走上了科学发展的道路。《中国南阳汉画像石大全》的出版，无疑对当前的汉画研究提供了更加全面系统完整的图像数据资料。我们更愿意看到南阳之外的其他汉画像石分布区域的"大全"问世，这对汉画这一世界文化遗产的研究将产生不可估量的影响，也更有利于博物馆在社会可持续发展中进一步发挥文化驱动力的作用。

　　所谓"大全"，其实只是一个时期、一个阶段工作的积累。可是我依然愿意书名里有这两个字，因为这是一种信念——对文化继承的信念，对文明尊崇的信念。信念凝聚力量，力量铸就精神，精神成就事业。我坚信随着南阳文物保护事业的发展，更多的南阳汉代画像石会被发现、被保护，《中国南阳汉画像石大全》可以继续一册一册地出版下去。书中内容不仅只有馆藏品，还会有私人博物馆、民间收藏者手中的精品与世人见面。

　　我在写这些文字的时候，小女儿嬉戏膝下。这部书准备之初，她尚未出生，而今她已经会跑了，开始咿呀学语。

　　她小名画画，汉画的画。

　　2015 年是南阳汉画馆建馆 80 周年。80 岁，于人，已垂垂老矣；于光辉灿烂的事业，则正是朝气洋溢、气势勃发之时。生亦有涯，学亦无涯，对汉画的热爱和景仰，已融于血脉，根植于生命。愿所有热爱汉画、为发展汉画事业努力奋斗着的人们，在未来的道路上携手前行。

凌皆兵
写于 2015 年国际博物馆日